Werner Färber

Geschichten vom Förster Fridolin

Jllustrationen von Sonja Firmenich

Loewe

Die Deutsche Bibliothek – CJP-Einheitsaufnahme

Geschichten vom Förster Fridolin / Werner Färber.
Jll. von Sonja Firmenich.
– 1. Aufl. – Bindlach : Loewe, 1995
(Lirum Larum Lesemaus)
JSBN 3-7855-2798-5
NE: Färber, Werner; Firmenich, Sonja

JSBN 3-7855-2798-5 – 1. Auflage 1995
© 1995 by Loewes Verlag, Bindlach
Umschlagzeichnung: Sonja Firmenich
Satz: Leingärtner, Nabburg
Gesamtherstellung: Offizin Andersen Nexö, Zwenkau
Printed in Germany

Inhalt

Fridolin und Wurzel   8

Die Brücke   15

Ein heißer Sommer   24

Wenn die Pilze schießen   31

Zwei alte Handschuhe   36

Seltener Besuch   47

Fridolin und Wurzel

Gleich geht die  auf.

Die verkriechen sich

unter einem . Die

verstecken sich tiefer im ,

die fangen an zu singen.

Nur im kleinen neben

dem tut sich noch nichts.

Wer wohnt denn hier im  ?

Vielleicht kann man es durch

das offene  sehen?

Vor dem  schläft

ein  . Neben der

hängt ein 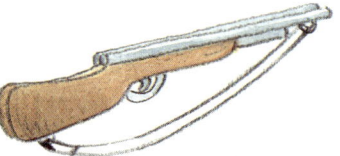 . Wohnt hier

vielleicht ein  ? Pst, leise.

Sonst wacht der  auf.

Er liegt im  und schläft.

Über dem  hängt ein  .

Die  ist ordentlich gefaltet.

Beides ist grün. Auch die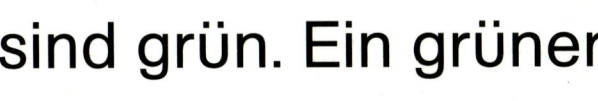

sind grün. Ein grüner  ?

Und auch noch so ordentlich?

Nein, hier wohnt kein  . Hier

wohnt der kleine  Fridolin

mit seinem  Wurzel. Wurzel

läuft zum  . Er steckt seine

 unter die  .

„He, Fridolin, aufwachen!

Die scheint. Jch will raus,

in den  ." Der kleine

reckt sich und streckt sich.

Dann steht er auf und läßt Wurzel

in den  . Er setzt den

auf und deckt den  . Bevor er

in den  geht, wird erst

einmal kräftig gefrühstückt.

Die Brücke

Der  vor Fridolins

sprudelt und schäumt. Es hat viel

geregnet. Und in den taut

der . Der kleine

geht mit seinem Wurzel

in den . Die über

dem schwankt bedenklich.

Plötzlich macht es knack. Und

die  hängt schief im  .

„Wurzel, lauf und hol den  ",

ruft  Fridolin. „Jch bleibe

hier und halte die  fest."

Über  und über  jagt

Wurzel den  entlang.

Er weiß, wo der  wohnt.

Jm  ist ein kleiner ,

den hat der  aufgestaut.

„Schnell, komm mit", ruft Wurzel.

„Der  Fridolin braucht dich."

Wurzel läuft durch den

zurück. Der schwimmt

zum  von Fridolin.

Der kleine  hat

angezogen. Doch die helfen nicht

viel. Fridolin ist naß von den

bis zu den  . Er steht im

und stemmt sich gegen die .

Schnell fällt der  mit seinen

scharfen einen .

Mit den dicken  stützt

Fridolin die ab. Wurzel

holt derweil eine ,

einen und .

Damit kann der kleine

die  reparieren. Die

geht hinter dem  unter.

Fridolin schlägt den letzten  ein.

Der  ist längst wieder in

seinem  . Fridolin und Wurzel

kehren müde ins  zurück.

„Braver  ", sagt Fridolin.

Dann fällt er rückwärts aufs

und schläft ein. Wurzel zieht dem

kleinen  noch die

aus. Dann legt auch er sich

hinter dem  schlafen.

Ein heißer Sommer

Der  Fridolin sitzt müde

auf einer . Sein Wurzel

liegt hechelnd darunter. So heiß

war es schon lange nicht mehr

im . Die schlagen mit

den . Die wedeln

mit , als wären es .

24

Und der  ist so faul, daß er

nicht einmal mehr jagen mag.

Der kleine 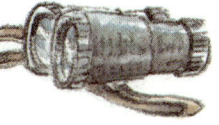 schaut durch

sein . „Dort drüben steigt

 auf", sagt Fridolin. „Wenn

das bloß kein ist."

Wurzel kommt unter der

hervor. Er läuft mit Fridolin durch

den  . Bald riechen sie

den  . Sie hören das

knistern. Gleich sind sie durch den

ganzen  gelaufen.

Dort im  sitzen zwei  .

Neben ihnen stehen zwei  .

Die  haben  auf

 gespießt und braten sie.

Jm  liegen noch  .

„Hallo, Herr ", sagt der

eine  . „Wollen Sie und

Jhr  auch eine  ?"

„Wuff", macht Wurzel. Und ob er

eine 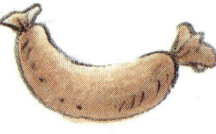 will. Doch Fridolin

macht ein besorgtes  .

„Es ist verboten, im

ein   zu machen", sagt Fridolin.

„Das wußten wir nicht", sagt der

andere  . „Dürfen wir

die  trotzdem fertiggrillen?"

Der kleine  drückt

ausnahmsweise beide  zu.

Dafür bekommen er und Wurzel

auch jeder eine .

Wenn die Pilze schießen

„Komm, Wurzel", sagt Fridolin

zu seinem  . „Heute gehen

wir  jagen. Die  schießen

wie verrückt." Ein kluger  wie

Wurzel weiß natürlich, daß

nicht richtig schießen. Das sagt man

nur, weil sie so schnell wachsen.

Das  läßt der kleine

neben der  hängen. Man muß

 nicht jagen. Man sammelt sie.

 Fridolin nimmt einfach nur

einen  mit in den  .

Wurzel schnüffelt unter jedem

 herum. Mal begegnet er

einer  , mal begegnet er

einem  . Und einmal

bewirft ihn ein  mit  .

Plötzlich steht ein riesiges

vor Wurzel. Das  schaut

dem  finster in die  .

„Verschwinde hier", grunzt es.

„Das sind meine  ."

Wurzel möchte sich nicht mit

dem  streiten. Er geht

lieber wieder zu Fridolin. Mit einem

vollen  kommen sie abends

zurück. Und dann gibt es

mit . Dafür läßt Wurzel

sogar seinen  liegen.

Zwei alte Handschuhe

Als Wurzel aufwacht, läuft er

zum  und sieht hinaus.

Der  ist weiß. Der

ist weiß. Die  ist weiß.

Es hat geschneit. „Wuff", macht

Wurzel und zieht Fridolin einfach

seine 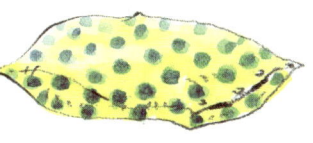 weg.

Aber Fridolin ist nicht im 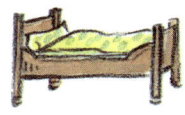 .

Seine  und sein

hängen nicht mehr über dem   .

Und der große  fürs

steht nicht neben dem .

Der kleine  ist längst

im  . Plötzlich rumpelt

es auf dem  . Wurzel

öffnet mit seinen  die  .

Ein  versperrt den

in den  . Seltsam!

Der  riecht nach Fridolin.

Wurzel buddelt mit seinen  .

Bald findet er einen alten  .

Dann findet er noch einen

alten  . Das sind Fridolins

 . Die zieht er immer an,

wenn er  holt. Wurzel buddelt

weiter, bis der 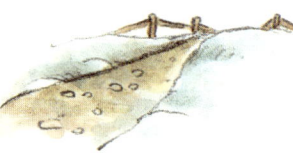 frei ist.

Doch wo steckt Fridolin?

„Braver ", sagt Fridolin

plötzlich neben Wurzel. Er stellt

den vollen  hin und krault

den  hinter den .

„Du hast meine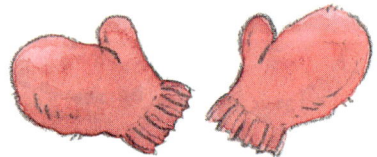

gefunden. Und den  hast

du auch schon freigebuddelt."

Dann wirft Fridolin einen .

Wurzel fängt den  mit

der  . Der kleine

und sein  toben vergnügt im

verschneiten  herum.

Bevor sie wieder ins  gehen,

baut Fridolin einen dicken  .

Direkt vors . Er bekommt

eine  als . Den

und die  macht Fridolin

aus . Sogar einen  legt

er dem  um. Schließlich

hat der kleine  kalte .

Jetzt muß er sich aufwärmen.

Er heizt den  ein.

Das  knistert leise. Fridolin

rückt seinen  dicht

an den  heran. Wurzel

kuschelt sich vor ihm zusammen.

Der  schaut zum

 herein. Bald hat er eine

weiße  auf. Es hat wieder

angefangen zu schneien.

Seltener Besuch

Der  ist tief verschneit.

Der  ist zugefroren. Wenn

es so kalt ist, kommt selten jemand

zum  vom kleinen .

Doch heute sind der  Bolle

und sein  Knolle da. Sie sind

mit dem  gekommen.

Auf dem  stehen

und  . Sie sind gefüllt mit

 und  . „Die sind für

die  ", sagt Bolle zum

kleinen  . „Damit die

und  nicht hungern müssen."

Fridolin und Bolle bringen

die vielen  und

in den . Der kleine

freut sich sehr, daß Bolle da ist.

Sie gehen ins  . Die zwei

  bleiben draußen und

toben ausgelassen im  .

Der  und der kleine

wärmen sich als erstes ihre

kalten 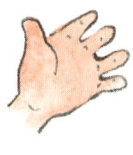 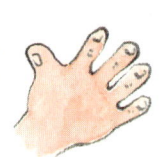 am  .

Dann setzen sie sich an den .

Sie essen  und  und

unterhalten sich. So merken sie

nicht, daß es draußen schon

dunkel wird. „Jetzt muß ich

aber los", sagt  Bolle.

Er steht auf. Seine  ,

und  wollen auch

noch versorgt werden. Fridolin und

Wurzel gehen ans  .

Draußen steigt  Bolle auf

seinen . Knolle springt auf

den  . Dann tuckern sie

auf dem dunklen  davon.

Bald ist es wieder ganz still

im  vom kleinen Fridolin

und seinem Wurzel. Man hört

nur noch das , das leise

im bullert.

Die Wörter zu den Bildern:

Sonne

Fenster

Jgel

Kachelofen

Busch

Hund

Rehe

Tür

Wald

Gewehr

Vögel

Räuber

Haus

Bett

Bach

Stuhl

 Hemd

 Berge

Hose

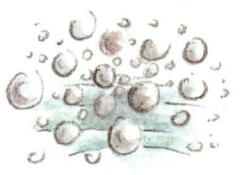 Schnee

 Socken

 Brücke

Förster

 Biber

Schnauze

 Stock

Bettdecke

 Stein

 Garten

 See

 Wasser-
kessel

 Gummistiefel

 Tisch

 Haare

 Zehen

 Hasen

Zähne

 Blätter

 Baum

 Fächer

 Äste

 Fuchs

 Säge

 Fernglas

 Hammer

 Rauch

 Nägel

 Feuer

Bank

 Gras

Flügel

 Männer

 Rucksäcke

 Eichhörnchen

 Bratwürste

 Kastanien

 Kartoffeln

 Wildschwein

 Gesicht

 Knochen

 Augen

 Holz

 Pilze

 Schuppen

 Korb

 Dach

 Maus

 Pfoten

 Dachs

 Schneehaufen

 Weg

 Hände

 Handschuh

 Mütze

 Ohren

 Bauer

 Schneeball

 Traktor

 Schneemann

 Anhänger

 Karotte

 Säcke

 Nase

 Heu

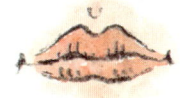 Mund

 Futterkrippe

 Schal

 Brot

 Wurst

 Schweine

 Schafe

 Hühner